헤르몬 이슬의 연가

헤르몬 이슬의 연가

| 1쇄 발행   2024년 10월 31일
| 지 은 이 : 김귀자
| 발 행 인 : 김성구
| 발 행 처 : 국제문학사
| 등록번호 : 2015.11.02. 제2020-000026호
| 주   소 : 서울특별시 광진구 광나루로 15길 41 (102호)
| 전   화 : 02 - 365 -7271
| 주 거래은행 / 농협 351-0914-8841-23(김성구 국제문학사)
| 전자우편 E-mail   kims0605@daum.net
| ISBN : 979-11-89805-75-3 (03810)

값 13,000원
잘못된 책은 본사나 구입하신 곳에서 바꿔드립니다.
ⓒ 2024. Printed in Seoul, Korea

헤르몬 이슬의 연가

김귀자 시집

국제문학사

작가의 말

헤르몬에 녹아내린
생명을 적시는 이슬이여!
광야와 산과 들과 초목을 덮으니
그들이 아름다운 생명으로 잉태되어
창조주 여호와의 영광을
노래합니다.

내 영혼에 향기를 불어넣으니
나는 헤르몬 이슬의 연가를
기쁨에 넘쳐 부릅니다.
오늘도
내일도
그리고 영원히
아름다운 헤르몬 이슬의 연가는
향기로운 제물처럼 인류의 아버지
창조주 여호와의 기쁨이 되게 하소서!

김귀자

목차

4   작가의 말
140 시해설·· 김성구

제1부   봄비 내리는 아침에

12   봄비 내리는 아침에
13   땅콩 껍질 속의 밀애
14   교만한 거짓말
15   7월의 어느 노숙자
16   불지 않는 봄바람
17   길 잃은 새
18   사람꽃 향기
20   마음속 유리병
22   핸들을 잡을 때마다
23   별과 들풀의 속삭임
24   자정 넘어 내리는 함박눈
25   어둠이 다가 오거든
26   면죄부가 없는 죽음
27   때로는
28   파괴의 장마
29   하늘의 별처럼
30   장미의 시샘
31   양귀비의 독
32   카르텔의 대결
33   9월, 노을 카펫에 눕다
34   백련산 여름의 하모니

제2부 금작화 그늘 아래

36 금작화 그늘 아래
37 신앙과 신념 I
38 신앙과 신념 II
39 아까워서 어찌 떠날꼬
40 가을 서사시
41 정다운 대화
42 그리운 에덴
43 회복
44 이식 수술
46 떡만둣국
47 거리에서
48 재난의 시대 그리고 요양 병원
49 돈이 사라지면
50 슬픈 개나리의 봄
51 우정의 꽃향기
52 정월 초순경 어느날
53 크리스마스의 진실
55 삶의 여백
56 씁쓸한 포장
57 가족 여행
59 사막의 꽃들
60 추억 열차의 빙점
61 비애
62 불광천 백로 가족

제3부　신년의 새 아침

64　신년의 새 아침
65　바람의 진실
66　사랑의 햇볕, 사랑의 계절
67　10월의 노래
69　갈 길을 향해
70　거저 주어라
71　겨울 경포대의 풍경
72　겨울 일몰
73　겨울 나방
74　경계의 미학
75　고령자의 퇴근길
76　 미 알람
77　그대 눈동자 속에는
78　꽃과 비와 바람과 별
79　꽃잎의 탄식
80　나는 사랑하는 내 동생에게로 간다 Ⅰ
81　나는 사랑하는 내 동생에게로 간다 Ⅱ
82　나의 9월은
83　나의 고백
84　나의 길은
85　낙엽이 보내온 연서
87　날아간 작은 새
88　눈부신 햇살곁에서

제4부 도시의 야욕

- 90 달과의 동행
- 91 도시의 야욕
- 92 들풀과의 담소
- 93 딱따구리
- 94 마라토너로서
- 95 모죽의 비밀
- 96 목련이 쓰는 시
- 97 바람결에 내민 손
- 98 바람의 카타르시스
- 99 바벨탑의 후예
- 100 백련산을 오르며
- 101 백로의 날에
- 102 보름달 속에 들어간 나
- 103 봄비가 내리 거든
- 104 부재의 시선
- 105 사람의 도리
- 106 사랑이란 묘약
- 108 상실을 기다리는 사물
- 109 생각의 기형
- 111 숭늉 메뉴
- 112 시인의 고뇌
- 113 살아 있다는
- 114 밤하늘

제5부

하늘과 별과 나

116 친구여
117 어둠이 다가오거든
118 여고 동창생
119 여름, 평상 위의 쉼
120 여름
121 여명의 인생
122 오늘이라는 선물
123 우수의 날에
125 우정의 의미
126 위드 코로나
127 위로의 근원
128 이 기쁨 영원히
129 저무는 인생길에서
131 절정의 존재들
132 조약돌의 약속
133 징조를 보며
134 참된 방백
135 짐례받는 동생
136 허구에 대한 믿음
137 튀르키예의 눈물
138 하늘과 별과 나 Ⅰ
139 하늘과 별과 나 Ⅱ

제1부

봄비 내리는 아침에

봄비 내리는 아침에

토요일 아침
봄비가 내린다
내리는 봄비를 맞으며
벚꽃은 목욕을 해댄다
비는 차창을 적실 뿐인데
내 마음은 왜 이리 젖어드는가
그리운 사람들이 보고파
마음은 불현듯 슬퍼지고
봄비에 내 눈물을 섞어대는구나

그립구나
이 세상 어딘가에 그들이 있다면
당장 달려가 입맞춤하련만
세월이 앗아간 벗들이여!
흙 속에 묻혀버린 벗들이여!
차는 어느새 비를 뚫고
번영로 커브를 돌고 있다
아! 지금은 영적 번영로로 들어가자꾸나
재회의 날을 기다리며
힘차게 오늘을 시작하련다

땅콩 껍질 속의 밀애

땅콩 껍질을 까면
깜깜하고 어두운
그 비좁은 동굴 안에
두 개의 사랑 콩이 들어 있다
언제나 꼭 붙어 밀애를 즐기는
하나같은 모습
수백개 수천개의 동일한 자태
둘이만 둘이만 둘이만
꼬옥 붙어 팔짱을 낀 채 누워있다
조용함의
은밀함의
그 밀착을
땅콩을 까먹으며
나는 계속 놀란다

교만한 거짓말

죽음이 뭐가 두려워요
난 죽음이 정말 두렵지 않아요
나만 죽나요?
다아 죽는데...
사람들은 거짓말을
거침없이 합니다

그토록 소중한 생명의 선물을
감사치 않으므로
생명을 지켜야 할
의무감이 전혀 없는 듯
그렇게도 죽음이 두렵지 않다면
생명의 연수를 정하고 시간을 정하여
죽음의 길로 들어가시려나요

분토가 되어 영원히 모든 것과
이별을 고하고
생명을 내어 버리시려나요
교만한 거짓말의 댓가를 찾는 사람들은
경망한 입술로 계속 거짓말을 합니다

7월의 어느 노숙자

엉켜진 장발
깡마른 체격에
너덜너덜
땀으로 바래진 티셔츠
찌들고 떨어진 바지에
땟물로 얼룩진 발과 슬리퍼
손에 든 축쳐진 남루한 가방
어디로 가는지 휘청거리는
가냘픈 걸음

그것을 보기만 하고
다가가지 못하는 나
예수라면 저 사람에게 어떻게 하실까?
7월이라 춥지 않아 다행이다
나는 그렇게 마음속으로
중얼거릴뿐..
마스크 하나를 건내 주지도 못한채!
바라만 볼 뿐..
미온적 인간의 아이러니한 한계

불지 않는 봄바람

봄바람 불어도 불지 않는 듯
봄바람은 살랑거려도
올해는 어두운 그림자만 난무하네
희미한 전등불 비치는 시멘트벽 곁에서
어둠에 서성이다 사라지는 봄
키가 훌쩍 큰 늙은이 같은
초라한 뒷모습 닮은 짠한
봄만 같구나

올 봄은 억지로 왁자지껄해도
쓸쓸함만을 남긴다
마음을 잃어버린 사람들이
봄바람을 구걸하듯 하나같이
불안한 표정
코로나의 잠재 의식에
봄바람 불어도 불지 않는듯!

길 잃은 새

굵은 빗줄기 틈새로
새 한 마리가 날아간다
빗물로 인해 힘이 지친 듯
퍼득 퍼득 날개짓이 힘들어 보인다
너는 어디로 가니
왜 혼자서 가니
눈 앞을 막고 내리는 폭우를
어찌 막아내려고
빨리 전봇대를 찾아 가거라
아니면 가로수 잎새로 파고 들거라
새야 새야
너로 인해 내 속이 타는구나
길 잃은 새야!

사람꽃 향기

봄이 뿜어대는 초록빛 향기
여름 바다의 파도가 출렁거리며
실려오는 짭쪼름한 해조의 내음
가을은 어떠니?
그 그윽하고 쓸쓸함의 향기
조용한 이슬방울 같이
눈물을 떨어뜨리게 하는
그 진한 고독의 향기
그리고 겨울의 그 애잔함

아! 그 차가움은
모든 것들 속에 파묻혀 버리고 싶은
고갈된 욕망의 종착역 같은
쓰라림이 있는 절망의 향기
때론 자연은 냉소적이지

그러나 사람의 향기는
자연과 계절을 넘어
사랑으로 다가오지
사람꽃 향기는
늘 아름다운 자연보다 진한
영혼의 향기이지
언제나 좋은 사람꽃 향기

마음속 유리병

당신의 유리병엔
무엇이 담겨 있나요
부와 명예
거만과 아집은 혹시 없나요

나의 유리병엔
무엇이 담겨 있나요
털고 털고 또 털어도
찌꺼기가 남아 혹시 기만의 영을
숨기지는 않았나요

나의 에고이즘이 나의 유리병에 남아
희뿌연 안개로 가득 채워
혹시 마음속
유리병의 해맑음을
잃어버리진 않았나요

나를 조사하고
나의 유리병을 다시 한번
조사해 보아야지
다시 한번
다시 한번

핸들을 잡을 때마다

난
핸들이란 기계에
손을 얹을 때마다
매번 이질감을 느낀다
30년이 훨씬 넘도록 만져대는
핸들이건만 늘,
낯선 공포감이 있다
언제나 무서운 장난감에 대한
겁먹은 아이의 두려움처럼
오늘도 그 낯선 느낌을 만난다
나라는 체질이 갖고 있는
바보 성분
그래서 내 별명은
겁쟁이였다
오래도록, 여태까지도
그 겁쟁이를 못 벗어 던지는
나는 바보

별과 들풀의 속삭임

하늘 밭에 뿌려진 별들
흙 밭에 뿌려진 들풀들
수천억 수만억 개가
올려다 보며
내려다 보며
속삭이는구려

번쩍이며 속삭여대는
그 숱한 이야기를
파릇파릇 종알대는
그 숱한 이야기를
올려다 보며
내려다 보며
다정도 하구려

하늘을 향해 손을 흔들며
풀밭에 누워 꽃들과 뒹굴며
인간은 모든 것을 가진 자로
별과 들풀의 속사귐까지
함께 즐기는구려

자정 넘어 내리는 함박눈

한겨울 밤
자정 넘어
쏟아져 내리는 함박눈
아파트 창밖에는 어둠 속에서
눈꽃송이들의 잔치가 벌어졌다

온 세상은
백색의 꽃가루에 뒤덮였다
아무런 조건도 없이
그저 하염없이 내려대는 눈꽃송이
모든 세상의 재난도 잠시 멈춘 듯
조용한 축복처럼 침묵이 흐른다

청춘이라면
저 순백의 눈길을 밟아볼텐데
뽀드득 뽀드득 걸어볼텐데
너의 조용함처럼
나의 시각도 그저 조용히 바라볼 뿐
미끄러질까
발자국을 남기지 못하는
노인의 아쉬움이 있구나

어둠이 다가오거든

손을 내밀어 보라
어둠이 다가오거든
어둠의 정적을
두 손안에 담아보라
아무것도 잡히지 않는듯 하여도
아마 두 손안에는
정적의 심장 소리가 가득 들어 있노라

내밀한 나의 심장 소리와
어둠의 정적이 내민 심장 소리는
내 손안에서 두 개의 마찰로
힘차게 부딪쳐 온다
의로운 부드러움이
나의 자아를 다듬어 준다
마치 사랑의 근원을 느끼도록
모든 곳에는 모든 것의 심장이 존재하고 있음을
오늘도 그 뜨거운 포옹을 확인하며
꼬옥 껴안아 본다
이 어둠의 정적을..

면죄부가 없는 죽음

언젠가 앞을 볼 수 없다면
언젠가 들을 수 없다면
언젠가 걸을 수 없다면
언젠가 누울 수 없다면
언젠가 먹을 수 없다면
그리고 자신을 알아볼 수 없다면
아! 그런 날은 오지 않아야 해
결코 와서는 안돼

아! 하늘이여
모든 인류에게 면죄부가 없는
죽음의 법칙이여
창조주여
모든 인간을 굽어 살피소서
죽음이란 적을 멸하여 주소서
사망의 행렬의 족쇄를 풀어주소서
영생의 성취로 뜀 뛰게 하소서
거짓말 못하시는 창조주의 약속을
신뢰하며 묵상하는 이 기쁨을
감사하나이다

때로는

몽환처럼 달려오는
그림자들이 있다
때로는
사랑과 미움으로
배신과 증오로
아름다운 추억을 깨고
슬픔으로 밀려오는 꿈을 꿀 때
두 손 모으고 기도하여라

위로 받을 수 있는 안위의 찬가를
불러라 또 불러라 여러번
마음의 상처가 있다면
보증된 선물 상자 안으로 밀어 넣고
심기를 바로 집고
감사와 찬양만을 생각하라
나뉘지 않는 온전한
마음을 발견하게 된단다

파괴의 장마

빗줄기 흥건한 땅바닥을
계속 때리고 때리고
산맥을 수목을 가옥을
때리고 또 때리고
아주 두들겨 패며
몰매질을 하는구나

장마까지 파괴의 괴물이 되어
약한 인간을 겨냥하지 마라
산사태로
집을 잃었구나
생명을 잃었구나
피해자가 된 약자여
누굴 원망할 것인가?
재해를 당한 자들의 숱한 아우성
피 맺힌 슬픔들을
자연은 어찌 바라만 보는가?
저 눈물 앞에서
눈을 감고 귀를 막아본다

하늘의 별처럼

하늘의 별은 늘 아름답게 반짝입니다
하늘의 별은 늘 변함없이 자리를 지킵니다

하늘의 별은 너무 높아 다가갈 수 없습니다
하늘의 별은 너무 높아 만질 수 없습니다

그러나
하늘의 별은 밝은 곳에서는 숨어 있으나
어두운 곳에서는 밝게 나타나 반짝입니다

어둠을 밝혀주는 빛으로
슬픔을 거둬주는 빛으로
늘 그 자리를 지키는 별처럼
변함없는 이름으로 남아 주소서

장미의 시샘

장미들이 미소 지으며 소리친다
여길봐요 여길봐요
여기요 여기요
저마다 아우성대며
예쁜 얼굴을 드리댄다

아 아 예쁜 장미여
한결같은 매혹의 자태들
너도 너도 다 아름답구나
난 너희 모두를 사랑한단다
5월의 장미는 나를 유혹하며
늘 고혹스런 비명으로
나를 찔러대지만
난 도무지 아프지 않구나

화려한 장미의 유혹
화들짝 피어난
그들의 시샘까지도 사랑하고픈
아름다움의 절정에서
나는 존재하며 희열한다

양귀비의 독

불행은 모르는 것으로 시작된다
아름다운 미모가
독이 됨을 모르는 자
권력을 휘둘러
독을 가슴에 품은 자
도덕과 윤리와 양심을
가지지 못한 자

그리하여 자신의 생명을
자신의 손으로 끊어 내는
독의 잔해가 슬프구나
비참한 인생은 한 줌의 흙이 되어
푸른 하늘 하얀 행복을
피로 얼룩지게 하였구나

향락과 부귀와 영화는
독이 가져온 말로로
비통한 설화로만 남겨져
대대의 슬픈 비가가 되었구나

카르텔의 대결

시끄럽다!
시끄럽다!
여 야는 밤낮 싸워대고
기득권의 이권투쟁
권력 쟁탈의 야맹증 환자들
그들 중 과연
진정성을 가진 자가 있을까?
진리의 근원을 안다면
그토록 배타적인 공격으로
썩은 말들을 뱉어내지는 않을텐데
모든 죽어가는 자들이 불쌍한
생애를 살아가고 있다
사람을 만든자 만이
그들의 심증을
들여다 볼 수 있으므로
노인은 귀를 막는다
노인은 눈을 감는다

9월, 노을 카펫에 눕다

오색 단장한 노을이여
금비단 보다 아름다운 노을이여
형언지 못할
저토록 아름다운 카펫에
내가 누워보련다
감히 내가 누워
두둥실 노을 속에 묻혀
목련꽃 이슬보다
더 연연한 눈물
흘려보련다

백련산 여름의 하모니

쓰르라미 쓰르 쓰르
매아미의 매암 매암
찌르라기 찌르 찌르
딱따구리 딱딱 딱딱
나뭇가지 잎새들의 바람 스치는 소리
인간들의 왁자지껄 안달복달의 소리
오늘, 백련산 아래
살아 있다는 소리
사람도 곤충도 산새도 함께
살아 있다는 소리

제2부

금작화 그늘 아래

금작화 그늘 아래

피골이 상접한 엘리야여
죽음을 자초한 기도를 드리며
내 생명 거두어 주심을 간구하였구나
압제를 가하는 물욕의 왕 아삽과 이세벨은
그대의 목숨을 원하고
적들의 날카로운 창은
계속 그대의 가슴을 향해 꽂혀 오는구나
오! 엘리야는 비틀거리며 도망치다
금작화 아래 쓰러졌구나
그러나 여호와의 천사가
물을 먹여 그대의 목젖을 젖게 하고
죽을 먹여 창자를 채워 주셨구나
오! 비로소 엘리야는 낙망에서 깨어
새로운 기력으로 현실을 보는구나
금작화 그늘 아래 믿음의 용기를 다시 얻고
일어나게 되었구나
참 하느님의 따스한 손길은
충성스런 엘리야를 다시 세워
일으키셨구나!

신앙과 신념 I

올바른 신앙이 뿌리를 내리면
정의로운 신념이 싹트게 된다
그릇된 신앙이 뿌리를 내리면
독버섯 같은 광기가 된다
올바른 신앙심은 철이 되어
성숙할수록 신념에 의한
기류를 형성한다
기류에 날개를 올린 가치관은
온갖 역풍에도 붕괴되지 않는다

신앙과 신념 II

올바름과 그릇됨의 차이는
선과 악의 기초에서 비롯된다
영성에 근거한 아름다운 신앙과 신념은
절대적 주권에 귀속된 것이며
바위 요새를 형성한 설계도에 의해
이타적 관용으로 이어지는
거룩한 산성에서만 있을 것이다
그것이야말로
창조주만이 줄 수 있는
최상의 선물이다
그 누구도 흉내 낼 수 없는
유일무이한 전능자의 친절이다

아까워서 어찌 떠날꼬

가을에 흙으로 가신 어머니
가을 바람이 불어올 때면
들려오는 어머니 음성
아까워서 어찌 떠날꼬
그러면서 눈가에 흐르던 눈물
만날 때마다
하시던 그 말씀
구순을 넘기시면서
늘 하시던 말씀
아까워서 어찌 떠날꼬
그 음성, 가을 바람 불 때마다
귓가에 들려오네
가슴 저미도록 들려오네

가을 서사시

드높은 파란 하늘에
하이얀 조개 구름은
불광천 길이만큼
길게도 깔리었다

바람 한 조각 지나간 자리
너구리 닮은 구름 나그네
발등에 떨어지는 낙엽 송이는
마른 눈물 떨구며 뒹구네

이 바람은 어디서 오며
저 바람은 어디로 가나
흩날리는 가을 세레머니가
동공안으로 파고드는데
나는 나는 나는
가을 서사시로 인해
촉촉해진 가슴을 껴안고 있네
안쓰러이
안쓰러이

정다운 대화

대화가 필요해
정다운 말
정감이 묻어 있는 촉촉한 말
가슴적시는 말
사랑이 묻어 있는 말
위선이 없다면
그거면 충분해
그래서 손을 잡고 포옹을 하지
네 손과 내 손이 하나 되면
우정과 애정이
뭉클 뭉클 샘솟지
정다운 대화가 가슴 속으로
깊히 파고들면 연이어
끊임없는 사랑샘이 솟이나지

그리운 에덴

꽃들은 생글 생글
새들은 지지배배 노래하네요
해함도 상함도 없는 곳
악인은 사라지고
의로운 사람들만 사는 곳
질서와 순종
충과 효가 오고 가며
미소와 자비, 나눔과 균등
정성과 평화만이 존재하는 곳
아! 악의 원흉인 사탄
그 용을 무저갱에 가두니
그가 만든 일만 악의 뿌리가
사라져 버렸네
쾌재가 산을 넘나들며
기쁨이 이슬처럼 촉촉이 젖어내리네
이 모든 일을 약속하시고 이루실 분
창조주 여호와
당신의 아들 그리스도의 대속으로
진정한 양들을 사탄의 속박과 사슬에서
구원하셨네

회복

회복은 복구를 의미하며
복구는 재생을 의미한다
생과 사의 중턱에서
숨줄을 헐떡이며 넘어온 사선이
저만큼
비로소 눈에 보인다면
창조주께서 다시 삶의 닻줄을
붙잡게 함이다
이 의미 있는 시간!
어찌 감사치 않으리
한시도 떠날 수 없는
감사와 찬양의
끝없는 기도를...

이식 수술

서울 대학 병원 수술실
그렇게 적혀 있다
자막이 보이는
가족 대기실에..
새벽 7시15분
딸이 수술장으로 실려가고
곧이어 아들도 수술실로 실려 갔다
신장 이식 수술
비로서 딸의 신장 하나가
명의에 의해 집도 되어
아들의 몸으로 옮겨지는 찰나!
숨 막히는 현실 속에서도
전능자의 위로와 확신이
가슴을 평온하게 한다
오 여호와여! 아들 딸을 지켜주소서!!
명의의 손에 전능자의 손이 함께 하소서

여섯 시간이 지나
회복실로 옮겨진 딸은 무의식중
파르르르 몸을 떨며 첫마디.. 들릴 듯 말 듯,
아 추워 추워 내동생은 내동생은!
잠재의식 속의 나즈막한
천륜의 부르짖음..

떡만둣국

쌀 떡국 썰이 30개
만두 3송이
맛 간장 조금 풀고
빛 소금 조금 치고
물이 끓으면
풀어둔 계란
훌훌 얹고
마지막 파 마늘
넣기만 하면,
그리고
후추가루 톡톡
뿌리기만 하면,
나의 떡 만둣국 공식에 의해
최고의 떡 만둣국이 완성 된다
입맛의 행복이
인생이 별거냐고 묻는다

거리에서

어디론가 제 갈길로
길을 걸어 간다
서로의 곁을 많은 사람들이 지나간다
이 틈새를 스쳐가는
인간의 접촉들이 끝날 때
언제 즈음인가 유충처럼 흙속으로
떨어져 말라버릴 흔적들
그들의 불꽃의 삶은
그들의 살가웠던 다정함은
어디에 남겨질 것인가?
모두들 보이지 않는 분자가 되어
공중을 떠돈다
내 곁을 스쳐가는 숱한 영혼들이여
모두들 어디로 가십니까?
이 가엾은 공허함은
이 적막한 애틋함은‥

재난의 시대 그리고 요양 병원

많은 사람이 삶의 마지막 장으로 들어선다
어떤 이는 빠르게 어떤 이는 서서히
인생의 궁극적 종착역
그 역사 안으로 들어선다
광풍이 휘몰아 친다

그들 모두가 재난이라는 족쇄를 차고는
시간에 떠밀리며
조여드는 족쇄의 아픔으로
신음하고 있다
처음에 질문한다
내게도 꼭 재난이 와야 합니까?

그 누구도 응답은 없다
그들은 곧 재난의 지대에서 공감한다
익숙한 환자가 되어
순순히 삶의 막장을 기다린다

돈이 사라지면

돈이 너무 많아 부유하다면
돈이 너무 없어 가난하다면
무엇이 다른가요?
빈부가 만든 격차가
상류와 하류란 커트라인을 만들고
높다란 장벽 위로 오른 자들에겐
성공이란 황금 방석을 깔아놓아
인간제도의 오류가 주는
근사한 보상을 제공받는다

장벽 아래는 비극이 있고
끊임없는 신음 소리가 있다
돈이 없으면
인격도 지성도 짓밟히는 제도
완전한 통치제도에서는
사라져야 할 돈의 괴물성이여
그 완벽한 삶의 희락은
언제쯤 올까요?
그 희망을 기다리는 간절한 바램

슬픈 개나리의 봄

봄이 또 왔네요
지난 봄에 바쁘게도 떠나더니
바람처럼 빠른 세월 업고
개나리 데리고 또 왔네요
올 봄, 처음 만난 개나리
마을버스 너머로 활짝 피어
제 세상 만난 듯 손 흔들며 반기네요
아! 아!
샛노란 개나리를 그리도 좋아하던
남궁자매는
내 가슴에 짙은 사랑만 꽂아 놓고
지난 연말에 쓰러진 후
다시는 돌아오지 않네요
남궁자매 없이 바라보는 개나리 꽃이
이리도 눈시울 뜨거운 줄
난, 몰랐네요

우정의 꽃향기

나에게로 피어난 너의 눈빛
너에게로 달려가는 나의 미소
달맞이 꽃처럼
은근도 하여라

이제, 겨울이 떠나가며
숨어 있던 우정의 봄내음 부러워
뒤돌아 보네
사랑이 듬뿍 담긴 소중한 추억을
봄 바람이 실버들에 실어오네

네 머리는 하얗게 물들고
내 머리는 뽀얗게 물들며
긴 세월 피워 온 우정의 꽃
말이 없어도
봄등선 구비 구비 퍼져
그 향기 코를 찌르네

정월 초순경 어느날

겨울의 정점인 을지로 3가 지하철 벤치
살벌한 대한을 체험하는 사물들
모든 동체가 몸을 떨며
타인의 체온을 원하는 시간
나는 누군가를 기다리고 있다

너의 과거에 존재했던 어제는
나의 과거에 존재했던 어제와
아무런 관련이 없어도
서로를 위해 소멸하는 뜨거움이 필요한 시각
산다는 것은 이기는 것인가
그리고 견디는 것인가

이기기 위해 껍질을 두르고
그리고 견디기 위해 어떤 원소를 바른다
곧 소멸되는 환각 속에서라도
불이 필요한 인생
그 뜨거움을 향해
삶이 울며 달린다
다음 시각을 향해..

크리스마스의 진실

수십 세기 동안
세상을 화려하게 장식했던
크리스마스의 회칠한 무덤
그에 걸맞은 찬란했던 위선과 고결
지금은 어디로 갔는지?
유프라테스 강물과 함께
몰락한 바벨론의 영광처럼 사라졌나?

방송 매체들의 숱한 고백사를 통해
거짓된 그리스도의 탄생일을 회개하였나?
아직도 사람들은 유프라테스 강물 바닥이
좀 더 마를 때까지 북과 장구를 두드리는가?
전통과 마술 앞에 함께 방언하며
로마의 농신제를 기념하며
마지막 심판을 기다리는가

바벨론을 함락하던 메데페르샤에게
난공불락의 성문을 열게 하듯
더 큰 바벨론의 담무스 축제일은
너무나도 활짝 빗장이 열렸구나
크리스마스의 진실은 아랑곳없이
거짓된 자존감과 교만한 심장은
아직도 다크호스처럼 꿈틀거리는가?

삶의 여백

내 곁을 떠나버린 영혼들
흙 속으로 사라져 버린 모습들
계속 보고파질 때 온몸이 저려 온다
연이어 떠오르는
얼굴! 얼굴!
잊을 수 없는 얼굴들!
삶의 여백에 기록된 이름들
침몰된 추억의 항선에
아직도 넘나드는 그리움의 별들이여
불러도 끝없는 눈물의 메아리일 뿐

그리고도 또 보내야 할
이별의 사람들이
아직도 남아 있구나
그들도 침몰의 항선을 탄 채
계속 행진해야 된다는 논리
지워져야될 모순된 결론
망령된 생명론

씁쓸한 포장

너의 포장은 다행하게
독선에 약한 겸허가 있는 듯
너의 미소는 다행스럽게
위선에 약한 부끄러움이 있는 듯
너의 눈빛은 다행하게
교만에 약한 부드러움이 있는 듯
다행이다!

네 작은 선의가 네 가슴에
존재하는 한
네 작은 죄와 벌이
네 가슴 바닥을 긁어 대는 한
너는 너의 죄의식을 미워할 것이니
다행이다!

그리하여 그 씁쓸한 포장 속에서 뛰쳐나와
신선한 목소리를 들려주렴
진리의 연출을 위한 제의를 거머쥐고
환희하며 울먹이라
그제야 너는 기쁨으로
푸른 하늘을 푸른 눈으로 바라볼 것이다.

가족 여행

상기된 여행이다
딸의 결혼 십구년해
아들이 살아온 기쁨까지
의미 부여된 축제의 이름
가족 여행이다
인생의 희락은
그리 큰 것이 아님을!
한껏 즐거움으로 팽배한 가슴
구름자락들이 새털을 휘날려 댄다
바람은 안개 강물을 출렁이며
운무를 연출한다

숲속 방갈로 닮은 팬트하우스에서
밤을 보내고
지평과 수평을 넘나드는
하늘의 운무 곁에서
삶의 여정을 회상한다

여호와의 선물이 많기도 하지
가족이라는 최상의 선물을
마음껏 한없이 담아가라 하신다
포레스트의 이 푸른 바구니 채로
가슴에 담는다

사막의 꽃들

악천후를 견디고 피어난 꽃
가시 사이로 고개를 내밀고
붉고 푸른 색색의 옷을 입고
저마다 시련을 이겨낸 모습
그래도 조용한 미소를 띄는구나

모래밭 황무지에
자신의 날개를 곱게 편 꽃송이여
눈물에 엉킨 네 고운 숨결 속에는
무쌍한 용맹이 드리워져
만물의 영장인 인간의 가슴을
이토록 고동치게 하는구나
아름다운 사막의 꽃들이여!

추억 열차의 빙점

어느 날 갑자기 여행을 떠난다
나 혼자 배낭을 메고
보고픈 얼굴을 찾아서
그리움의 대지로 나아간다
사무치는 추억의 골짜기를
돌아보고 또 돌아본다
이곳, 저곳이 터엉 비어
쓸쓸한 그림자들만 댕그러니 하구나
추억의 끝에 머물러 있는 빙점에서
나는 애절한 가슴을 달랜다

나의 자아가 내민 서글픈
되돌이표 열차를 타고
다시 나의 현실로 돌아온다
나를 기다리는 일터여
나를 기다리는 직무여
행복을 위한 짜깁기를 하며
나는 추억 열차의 배낭을 닦아
장롱 속에 넣는다
아주 깊숙이

비애

인간은 슬픈 사랑을
한 번쯤 먹어 본다

달콤한 것만이 사랑이 아니다
비애는 처음
달콤함으로 다가와
한 움큼의 희락을 쥐어 주고
곧 떠나며
비애를 남긴다

모든 사람이 그 희락 한 송이를
가슴에 안고
비애란 결말 안에
성숙의 생애기로 들어 간다
그리고 사랑의 원어를
깨닫게 된다

불광천 백로 가족

영하 17도
체감 온도 영하 20도
불광천의 물살 위에 앉은
백로 네 마리
강추위건만
그들 가족은 조용히
겨울 추위를 즐긴다

너희 가족은 시베리아에서 왔을까?
몽골에서 왔을까?
북극의 한파가 그리워
한국의 겨울을 찾아왔구나
너훌 너훌 불광천 공중을
한 바퀴 돌고는
다시, 맑지도 않은 개천에
우아한 날개를 접는구나

차가운 한파를 즐기는
철새 가족
그 모습, 슬프게도
아름답구나!

제3부

신년의 새 아침

신년의 새 아침

일출이 꿈틀거린다
새 아침이 밝아 온다

저 찬란한 진홍 빛의 광무
보아도 보아도
지칠 줄 모르는 끝 없는 전율
동녘의 불덩이가 올라온다
여호와의 손길이 움직인다
인류를 향한
뜨거운 사랑이 꿈틀거린다

모든이여! 입술을 여미고
태초의 사랑을 숨 죽이며
뜨거운 가슴으로 바라보라
경건한 묵상으로 지켜보라
이 신성한 생명의 새 아침을

바람의 진실

살랑거리는 부드러운 바람이
손을 흔드는 들풀들의 속삭임을 들고
내게로 왔다

만난 적도 본 적도 없는
나의 애인 같은 다정한
부드러움의 손길이여
떠나지 말고 내 곁에 머무르오
나의 옷깃을 여미며
나의 진실의 성으로 들어와
머무르오

어디로부터 오는 순결한 몸짓인지
아름다운 바람의 결들은
사랑스런 바람의 애무는
어디로부터 오는가
이 순결한 감미로움은…

사랑의 햇볕, 사랑의 계절

사계절 햇볕이
보수도 없이 계속 비춰준다
사계절 봄, 여름, 가을, 겨울이
보수도 없이 계절의 풍미를 전해준다
아무리 많이 즐겨도
즐긴다고 나무람도 없이
맘껏 즐기라고
실컷 맛보라고
화알짝 화알짝
가슴을 연다
사랑스런 모든 햇볕이여
사랑스런 모든 계절이여
늘 거저 받고는
늘 감동으로만 남을 뿐!
아무것도 드릴게 없군요.

10월의 노래

10월에는 가랑잎에도
당신의 심장 소리가 들리노라
10월에는 바람결에도
당신의 속삭임을 느끼노라
10월에는 구름결에도
당신의 눈웃음을 볼 수 있노라
오! 이토록 아름다운 계절에
가엾은 그대는 어느 곳에서
애처로이 나를 보는가

우리들의 청춘은
아련한 기억의 필름 속에 갇혀진
모자이크의 성곽일 뿐이로구나
그대여
불완전한 그대의 전부를 버리고
정결과 선의만을 가슴에 담고
나를 만나러 올 때
신세계의 아리아를 불러다오

나는 위대한 새 시대의 노래
찬양이 점철된 새 노래를
절정의 기쁨으로 부르겠노라
가슴이 메어지도록
영원토록 부르겠노라!

갈 길을 향해

당신은 어디로 가시나요
나는 갈 길이 정해져 있어요
당신은 왜 울며 가시나요
나는 웃으며 가지요
울 일이 있어도
눈물이 끝날 때를 앎으로..

당신은 왜 무작정 가시나요
나는 늘 물으면서 가지요
안식이 기다리는 목적지는
바람이 세차도 따뜻하며
고단함이 목젖을 짓눌러도 평온하지요
정로를 달리는 이 기쁨은
언제나 독수리의 날개처럼
힘이 넘치지요

거저 주어라

무엇을 거저 주나요
네가 가진 것을
억지로 주는 것이 아니라
원한다면 주어라

새 인간성을 거저 받게 되니
거저 주는 일은 즐거움이 되어요
자꾸 자꾸 주고 싶은데
가진 것이 없어서 못주면
마음이 불편해지죠

그것을 아시는 아버지께서
줄 수 있는 환경을 만들어 주어요
서로의 기쁨을 위해서이죠
가장 큰 선물은
거저 받은 생명의 소식을
거저 주는 것이죠
당신도 거저 받을 수 있죠

겨울 경포대의 풍경

한산한 겨울의 경포대
겨울 시어를 찾으러 동해로 떠난
세명의 시인들
겨울 바다를 보겠노라
달리고 달리고 달렸노라
멀기도 한 경포대 바다는
하얀 포말을 높이 쳐들며
예보란듯 검푸른 파도를
출렁거린다

등대는 수평선을 업고서
묵묵한 인사를 보낸다
맞닿은 하늘과 바다의 경계는
끝없이 길기도 하구나
겨울 한파의 첫 나들이
모래를 밟으며 소녀가 된다
전복해물 뚝배기로 시장기를 채우고
망망한 대해의 풍경을
보고 마시고
또 보고 또 마신다

겨울 일몰

겨울 일몰이 하늘에 펼치는
고요한 춤사위의 성역
그 암울함의 절정
모든 겨울의 차가운 화려함을
다아 모은 듯!
모든 겨울의 냉소적 예표를
다아 모은 듯!
차디찬 비애이듯
황홀한 슬픔이듯
그 눈부신 아름다움에
나의 온 영혼이 멈추어 숨죽이며
고귀한 겨울 일몰의 걸작을
넋을 잃고 바라본다.

겨울 나방

차가운 북풍 한 자락 지나가는 길
살금살금 움직이는 물체
옅은 낙엽색의 나방 한 마리
두 날개 뚜껑을 하나로 접은 채
바람이 지날 적마다
새끼손톱 만한 날개가 뒤집힐까
바르르르 떨면서도
계속 땅을 끌어안고 기어간다
바람이 세차게 불어대면
뒤집혀 진 두 날개를 붙들고 싸우며 간다
바람이 잦아들면 날개를 하나로 접는다
반복되는 자세로 나방은 간다
겨울 속으로
그 차거운 애처로움 속으로.

경계의 미학

인과의 이치에 따라 생긴 경계선
꿈과 현실의 경계
사물과 비사물의 경계
거짓과 참의 경계
유익과 유해의 경계
흑과 백의 경계
선과 악의 경계

누가 만들어준 것이 아닐지라도
객관적 체험에 의해 생겨난 원칙은
올바른 경계가 되어
양심적 결과물을 낳는다
그러한 규율을 수행함으로
정로로 가는 자들은
경계의 미학을 체험한다
원칙에 의한 아름다운 보상이다
선을 사랑하는 자들은
경계에 대한 감사를 느낀다

고령자의 퇴근길

퇴근길에
계절은 차창을 스쳐가며
늘 내게 말한다
피곤하지?
이 번잡한 아스팔트를
질주하는 차량들의 파도 틈에서
나이든 할머니가 일과의 끝을 향해
애쓰는구나

아니야, 난 할머니가 아닌걸
그리고 난 행복한걸
모든 게 감사에 넘치는걸
오리지널 송을 들으며
난 기분을 상승시키지
게다가 계설이 주는 차창밖 속삭임도
너무 아름다운걸

비가 오면 빗방울 노래를 부르며
바람이 불면 바람의 노래를 부르지
그들과 동행하며 노랫말을 빚지
퇴근길에도 늘 소담스런 삶의
시어들과 동행하지

귀뚜라미 알람

귀뚜라미가 가을을 알린다
소슬한 바람솔기 속에서
조용히
나즈막히
은밀한 재회를 알린다

귀뚜라미가 알람소리를 찍어댄다
다시 또 나의 슬픈 노래를
들어 달라고
언제나 보이지 않는 곳에
몸을 숨긴 채 가을이면 찾아와
조용히 속삭이듯
울먹이며 노래하는
귀뚜라미의 알람 소리

그대 눈동자 속에는

그대 동공 안에는 언제나
길이 있습니다
그 길 따라 걷다 보면
그대가 기르는 새도 만나고
그대 속삭임을 듣게 됩니다
그리고 아름다운 열매들을
만나게 됩니다
그대 눈동자 안에 담겨 있는
선함의 열매
아름다운 영의 열매를
주렁주렁 열리게 한 그대를
나는 존경합니다
그대 동공 안으로 열려 있는
길을 따라 걸어가다 보면
그윽한 향기를 많이도 맡게 되지요
그대 동공을 바라보며
내가 행복함을 느낄 때
계속 그대 눈동자 속
호수 안으로 풍덩 풍덩
나는 빠져들고 싶습니다

꽃과 비와 바람과 별

꽃이 피는구나
꽃이 지는구나
비가 오는구나
비가 그치는구나

바람 불면 가슴이 뛰고
바람 자면 내 가슴도 자는구나
별이 뜨면 눈물 고이고
별이 지면 내 눈물도 지는구나

너무 아름다워 눈을 감아보고
너무 향기로워 코를 눌러보는구나
이 고요함의 정적을
가슴 끝자락으로만 느끼려므나
더 깊은 곳으로 밀어넣지 마라
더 가슴 아플라
더 마음 다칠라

꽃잎의 탄식

꽃잎이 이슬을 머금고
함초롬한 모습으로 나를 본다
그리고 촉촉한 음성으로 속삭인다
우린, 이슬이 무거워도 안아주지
이슬이 떠날 때까지 꼬옥 안아주지
우린 바람을 원망하지도 않아
우린 늘 속삭이며 다짐하지
함께 살다가 함께 갈때까지
결코 변치말자고
서로 떨어지지 않으려고 애쓰지
우린 서로 말해
제일 불쌍한 건 인간들이라고
그들의 자멸을 한탄하지
만물의 영장들이 가장 사악한 깃을..
속이고, 짓밟고, 빼앗고, 죽이고
그 흔적까지 불태우는
아주 잔인한 자들이라고

나는 사랑하는 내 동생에게로 간다 Ⅰ

나는 지금
사랑하는 내 동생에게로 간다
아직 쌀쌀한 바람이 감도는
이 신선한 3월의 아침속으로
KTX는 달린다
주의 만찬을 너와 함께 하기 위해
나는 네게로 가고 있다
오늘은 2021년 3월 27일이다
나의 가방 속에는 딸이 만들어준
그리스도의 피를 상징하는 포도주와
그리스도의 몸을 상징하는 밀떡이 들어있다
조심스런 동작으로
그 가방을 들고
나는 내 동생에게로 가고 있다

나는 사랑하는 내 동생에게로 간다 II

서울역에서 KTX를 타고
부산역에 하차
다시 신평행 전철을 타고
하단을 내려
진해를 향한 직행버스를 갈아 타고
벚꽃이 난무하는 길을 따라 간다
웅동길에 들어서서
언니를 기다리던 너의 승용차를 타고
네 집에 들어가
코로나 바이러스를 피해 온 마스크를 쓴채
서로의 손과 손으로 뜨거운 포옹을 한다

내일 밤 7시 30분
2021년의 니산월 십사일의
주의 만찬식을 줌으로 볼 것이다
나는 자매로, 너는 관심자로
코로나가 밖에서 진행되듯
우리는 줌에서
그리스도의 죽음을 기념할 것이다
예수 그리스도의 죽음 전날밤
그리스도의 유언에 따른
뜻깊은 주의 만찬식을..

나의 9월은

나의 일 년의 가장 바쁜 9월
마음이 바쁘다
계획도 바쁘다
동작도 바쁘다
영적 장비를 살피며
일상의 보조를 맞추자
미래를 더욱 힘차게 대비하자

노후된 발가락에 붙어있는 티눈은
떨어지지 않겠다고
끈질긴 밀착을 과시한다
그래, 그냥 구둣발 속에서 뭉개자

씩씩한 영적 군인 자매여
늠름한 인내의 길을 따라
뜨거운 열망으로 시작된 9월
계속 희망의 노래를 부르며
다시 아름답게
나의 새로운 9월을 시작하자

나의 고백

사랑합니다
그대를
그대의 눈과 입술을
그대의 마음과 의지를
그대의 진취와 고독한 두려움을

사랑합니다
그대를
그대의 낮고 작음을
그대의 슬픔과 고독을
그대의 사랑과 어설픈 떨림을

나의 뜨거움으로
그대의 등 뒤 언저리까지
꼬옥 안고 함께 가려함은
그대의 내면의 정숙함을
그대의 내면의 순결한 밀어를
사랑하기 때문입니다

나의 길은

내게 주어진 나의 길은
생명을 주신 분께서
알려주신 길

바람이 불고
장대비가 내리고
폭설이 몰아쳐도
변함없는 충절의 길

꽃이 지고 새가 노래하지 않을지라도
마음의 꽃을 피우고
마음의 새가 부르는 노래를 들으며
예비된 낙원을 찾아가는 길

목마르고 힘들지라도
가시길 엉겅퀴에 고달플지라도
마음의 눈으로 걸어가는 길
아름다운 길
최상의 길

낙엽이 보내온 연서

낙엽이 보내온
채색된 그림 편지를
소슬거리는 바람이 읽어준다
사브작 사브작
무언의 편지를 읽어 준다

이 붉고 노란
사랑 이야기를 들으면서
왜 가슴이 이토록
시리어오나
가을이 지나갈 때는
뻥 뚫린 마음들이
연이어 달려와
내 상념의 창에
무겁게 매달린다

아 예쁜 낙엽들아
슬프게 뒹굴며 어디로 가니?
네 편지를 주어서
내 가방에 집어넣고
고이 간직하련다
이맘때쯤 나는 늘
네 연서를 줍고 있구나

날아간 작은 새

새야 작은 새야
내 손안에 앉아 보렴
얼마나 따뜻한지
두려워 말고 앉아 보렴
네게 밥도 주고 사랑도 줄게
나와 사랑 얘기 나눠 보렴

비가 오면 내 손은
우산이 되고
배고프면 먹이와 물을 줄게
내 손안에 들어와 보렴
새는 작은 새는
짹짹짹 짹짹짹 재잘거린 뒤
재빨리 날아가 버렸다

작은 새는 나에게
"불필요한 사랑은 주지 마세요"
조용한 거부를 남기고
훌쩍 날아 갔다
작은 새의 핀잔에
나의 빈손은 차갑기만하다

눈부신 햇살 곁에서

10월 중순의 정오가 지나가고 있다
현란한 빗살을 접한다
창 넘어 반짝여대는 광채들
눈부신 계절의 정점에서
도미노 향연을 찍어대는 빛의 퍼레이드
이 고요함을 이 화려함을
나는 넋 나간 사람처럼 즐기고 있다
모든 생물체가 영혼의 산책을
제공받는 순간이여!

제4부

도시의 야욕

달과의 동행

밤을 재촉하는 하늘
우리는 파주에서 서울로 간다
하늘에 달도 간다
밤을 재촉하는 하늘에
아직 한여름 뜨거움 같은
붉은 기운 감도는 샛노란 달이
그림같이 둥근달이
바로 눈앞에서 조용히 동행한다

처음 보는 샛노란 달
온난화 탓인가
달도 뜨거운가
그림같이 둥근 달이
파주에서 서울까지
자동차와 아들과 나를
조용한 미소로 동행한다
나의 삶과 늘 동행하는 너
오늘의 달은 더욱 다정하여라

도시의 야욕

인간이 만들어 놓은 빌딩의 숲
드높이 세워진 문명들이
인간을 삼키려 내려다 본다

찬란한 문명의 날카로운 미소
곳곳에 숨어 있는 포악과 부정
숨 막히는 야욕들이
유혹의 손길이 되어
속절없는 두려움을 만들고
온정과 정서를 삼켜버린 채
도시의 야욕은
끊임없는 도전을 요구한다

흙냄새를 그리워하는 도시여
바람아, 도시의 슬픔이
악취가 되지 않도록
싱그럽게 불어다오
인간의 내면을 상실하지 않도록
이권이 인성을 말살하지 않도록
싱그럽게 불어다오
계속 싱그럽게!

들풀과의 담소

들풀이 머리를 들고
나를 바라본다
웃고 울며 보낸 한철의 생명을
자랑하겠다고 말한다
난 그의 말에 귀를 기울인다
단 한번도 비굴하지 않았다고
들풀은 또 말한다

내게 주어진 숙명적 찢기움과
내던져짐, 꺾이움을 견디며
모든 무관심을 견디며
곱디고운 자세로 살아왔노라
들풀은 또 말한다

물끄러미 바라보는 것으로만
할 말을 찾지 못한 채
내가 들풀에게 던진 두 마디 말
미안해 고마워
바람은 연이어 들풀을 어루만지며
조용히 지나간다

딱따구리

무엇을 쪼아 대느냐
딱따구리야
너의 부리는
철근으로 만들었느냐
딱 딱 딱, 딱 딱 딱
부딪히는 그 소리가
어이해 처절하게 들리는가

백련산의 적막함을 깨뜨리듯
마구 쪼아댄 후엔
어떤 정적이 너와 함께 할 것인가?
비장한 작업이 정지된 후
어두운 밤이 오면
넌 이디서 어떻게 잠이 들까?
너의 삶이 뭉클해지며 궁금하구나
너의 부리는 혹시 부러지지 않았는지?

마라토너로서

이 새로운 봄날
수액같은 맑은 정기를
영혼을 위해 마시어라
마시면서 계속 걸어가라
때로는 뛰며 달리며
지칠 때는 조금씩 쉬기도 하며
늘 순결한 생각으로 마음을 채우며
목표를 빗나가지 않도록 기도하라

성령의 인도는 사랑이란 시선으로
내가 힘겹고 지칠 때
평안의 영으로 포옹하며
부드러운 영의 보자기로 감싸안으리라
"이제는 그만 뛰어라"라는
음성이 들릴 때까지
달리자! 달리자! 달리자!
믿음의 눈으로
결승선이 보일 때까지
마라토너로서!

모죽의 비밀

왜 그리도 애간장을 태우십니까?
얼마나 더 긴 세월을 기다리십니까?
기다림의 인고를 탓하지도 않고
감추인 당신의 통한을
어느 때 터뜨리려 하십니까?

죽은 듯 고요히
움추린 모습으로
자는 듯 나즉히
억눌린 모습으로
모죽은 오직 기다리며 또 기다리며
자신의 근원을 쓰다듬고 가다듬어
1년, 2년, 3년, 4년, 5년
그리고 비로소 터져나오는
고통의 발산이여!

그 아우성이 비상이 되어
큰 키로 하늘을 오른다
소용돌이 치는 저 무음의 포성소리
아무도 막을 수 없는 비밀의 탈출!

목련이 쓰는 시

네 그리움은 큼지막도 하지
님을 위해 피어난 너는
꽃망울로 시를 쓰는구나
침묵의 시를..
못다한 그리움의 탄원을
순백의 절규로 쏟아놓는다
타협없는 매력
나는 너의 몸짓을 통해
춘절의 환희를 사랑하게 된다
네 매력이 안겨주는 화려하고
과묵한 서정
목련이 쓰는 시

바람결에 내민 손

너의 그리움을 난 보았지
바람결 곁으로 다가가서
다정한 손 내밀며
그리움 전하는 네 모습
외롭지 않다더니
외로움 눈망울안에 담겨진
짙은 고독이 있었던건 아니니
그게 아니야
삶의 태동이 늘 있을 뿐이야
그 얘기 하고파
온종일 바람결 곁으로 가고팠지
구름 한조각 꿀꺽 삼켰을 뿐
그 달콤한 삶의 얘기 하고파
그 쓸쓸한 삶의 얘기 하고파
때로는 눈시울 속으로
9월의 언덕을 바라볼 뿐이지
9월이 갖고 오는 진한 향수를
기다리고 있지
그 짙은 향기는 두어 달은
아직은 기다려야 하지

바람의 카타르시스

너 바람아
어디를 향해 가려느냐
너 바람아
무엇을 잡으려 가려느냐
앞과 뒤를 휘저어 보아도
천만리를 꿰뚫고 나아가도
망망한 하늘 끝
어느 곳이 네 곳이냐

바람아 내 숨이 멎고
내 생명이 다할지라도
네 머무는 곳
알고파
알고파
목메이누나

바벨탑의 후예

높이 높이 오르는구나
더 높이 더 높이 오르는구나
구름 속을 꿰뚫고 어디까지 올라가련?
옛 바벨탑이 무너져 내림은
바벨탑을 세우는 니므롯의 명령이
약화됨이 아니요
세력의 힘이 무너져 내림이요
지금도 구름 위로 오르는
저 높은 빌딩들은
새로운 바벨탑을 세우는 세력이며
이 세상 공기의 왕들이네
지배자들이 뿜어내는 입김
그들은 세력을 과시하며
마지막 팽이를 돌리네

백련산을 오르며

일주일에 한두 번 백련산에 오른다
백련산 오름길에 347개의 계단이 있다
처음에는 세 번쯤 쉬고
두 번째는 두 번쯤 쉬고
세 번째는 한 번쯤 쉬고
그 다음부터는 쉬지 않아도 된다
인생도 그런 것 같다
삶의 파도가 처음 닥치면
두려움에 놀라 세 번쯤 기절하고
두 번째 파도에 부딪히면
두 번쯤 기절하고
세 번째 파도에 부딪히면
한 번쯤 기절하고
그 다음부터는 기절없이
헐떡거리며 파도를 탄다
백련산을 오르며 단련된 다리처럼
내 삶의 오름길을 오늘도 말없이
꿋꿋하게 오른다

백로의 날에

별은 하늘에 떠 있고
배는 물 위에 떠 있고
내 맘은 단풍 숲에 떠 있네
가을이 잠깐 내 가슴을 부비더니
백로는 가을을 삼키었네
차가운 영하의 냉기가
전신에 스며들며
모두를 추위에 서성이게 한다
서서히 겸허한 겨울로
빠져드는 인간은
떨지 않으려
겨우살이 방어에 조급하다

보름달 속에 들어간 나

나는 어디로 갔나
계속 달만 바라보다가
문득 나를 잃고 놀란다
달 속에 담겨 있는 흐릿한 여인의 표정
어머나 저기 있네
내가 저 달 깊숙이
아주 깊숙이 들어가 있네
몇 프로 부족한 내가
엉거주춤 미소를 보이네
한없이 흐릿한 내가
보름달 속에 풍덩 빠져 버렸네

봄비가 내리거든

봄비가 내리거든
마냥 흐드러진 꽃잎 위로
빛살 속을 파고드는 내 영혼을 적시며
쏟아져 내리거라

꽃잎이 아파하면
스쳐간 아픈 추억을 버물어
눅눅한 사랑으로 으깨어서
멀리 떠나간 내님에게 드리듯
다정스런 손길로 너를 매만지리

다시는 못 올 그리움 담아
오늘도 내일도
봄비기 내리거든
흐드러진 꽃잎 위로 쏟아져 내리거라
나는 내 영혼의 그림자를 밟고 서서
봄비와 함께 울어보리

부재의 시선

누군가 묻습니다
"부군은 뭐하십니까?"
"주무시고 계세요"
"아! 낮잠도 필요하지요"
"긴 잠을 자고 있어요"
애매한 그분의 표정
"아! 피곤할 때는 잠을 좀 길게 자야 되죠"
그분의 말에 나는 그냥 빙긋 웃습니다

거룩하신 창조주의 기억무덤에서
그대는 편히 긴 잠을 자고 있으니까요
부재의 존재로서 당신의 시선을,
사별의 덫에서 놓이는 날의 재회를,
나는 기다립니다
원죄의 불완전을 벗어난
그대의 맑은 영혼이라면..

신세계의 축복으로 거듭난 시선을
목련꽃 필 무렵이면
가끔 느끼게 됩니다

사람의 도리

사람이니까
도리가 있는 거야
사람이니까
좋은 것만 가질 수는 없는 거야
사람이니까
자기 희생을 선택하는 거야

정상을 뛰어넘는 힘을 얻어야 해
자기 기분을 뛰어넘고
자기 열망을 감추며
져주고 감싸안고
배려해야 해

불완전한 아집을 걷어내고
완전이란 목표를 향해 가는 거야
흉내라도 내도록 하자
그리하면 사람을 만든 분께서
기뻐하시지 않으실까
아름다운 희생이 화답하며
낙원을 기다리는 멋진 기분
보람과 기쁨이 넘실거리는
그 미래의 세상으로 가자꾸나

사랑이란 묘약

사랑해 보았다면
사랑의 묘약을 먹어 보았구나
사랑, 그것은 혼미하고 복잡하지
사랑, 그것은 초조하고 불안하지
그렇지만
사랑, 그것은 해볼 만하지
달콤하고 쫀득해 먹어 볼만 하지
사랑, 그것은 황홀하고 슬프지
그렇지만
사랑은 해도 되고 안해도 되지
그렇지만
난, 사랑을 해보았지
사랑에는 삼각형 사각형도 있지
그냥 에로스일 때는 좋기만 하지
세상에는 많은 사랑의 모양이 있지

그러나
사랑의 숭고함을 알 때
여자의 성분 분석표를 보게 되지
그리고 남자의 본질도 알게 되지
그 모든 것 창조주의 사랑의 선물이지
아름답고 감미로운 작품이지
자유 도덕 행위자의
순결한 사랑을 깨닫게 될 때
비로소 온전한 사랑을 알게 되지
그건 선의자만의 놀라운 깨달음이지

상실을 기다리는 사물

때가 되면 사라지는 사물들
나의 손과 나의 눈에서
언제까지 다정을 교감할까
때가 되면 떠나는 사물들
나의 마음과 나의 기억속에
언제까지 머무르게 될까

머무르다 떠나고
다시는 되돌아오지 못할
모든 사물의 상실은
정해진 시한을 향해
그 의무를 다하며 달리는구나

인간을 위해 만들어진
모든 것들은
멀어짐을 향해 달린다는
그 지정된 사실이
애닯은 허무를 남기는구나

생각의 기형

무지와 자만이 산출한
아집의 합성
그것은 기형적 논리라는
거대한 나르시시즘의 자석이 된다

아름다운 무형의 무늬가
정착할 곳을 잃고
편견이 주는 극한 차단을 만들고
욕망이 주는 불합리한 비애를 만든다
인간이 가야 할 정로를 잃고
자기 도피의 초소를 향해
무작정 달린다

잠깐 멈추어 서서
지도를 펴서
나르시시즘의 자석을 끄고
모든 생각들을 정지하라
한순간이라도
겸허함으로 머리를 숙이라

상이 있는지
무슨 상이 기다리는지
마라토너로서의 마지막을 점검하라
혹시 절벽이 있다는 깨달음을
발견할 수도 있다

숭늉 메뉴

누룽지가 만들어 준
숭늉 메뉴가
내게는 최고의 레시피가 된다
하루에 두 끼 밥을 먹는 나
아무리 배불리 먹어도
숭늉으로 마무리 하지 않으면
늘 맛밥을 먹지 않은 듯하다

식사가 주는 포만감은
언제나 큰 행복을 준다
그것을 아는지
명언니는 내게 밥을 줄 때마다
자주 누룽지를 눌러
숭늉을 만들어 준다
그럴 때마다 나는 진한 고마움을 느낀다

구수한 숭늉 속에
구수한 자매의 참사랑이 가득하다

시인의 고뇌

초록의 봄날
밀알이 심어져도 싹이 트지 않을 때
깊은 가을밤
억새풀 울어대는 소리가
너무 서러울 때

하얀 겨울 파도가 모래를 찢어댈 때
밤새워 시어를 찾지 못해 방황할 때
그리고는 오래도록
가슴속에 시를 태워내는
불씨가 사라져 꺼져버릴 때
시인은 시인은
고뇌의 토굴 속에 갇힙니다

살아 있다는

살아 있다는
살고 있다는
그 행복감
그 존재 의식에
감동하고 감탄하라

살아 있음에 음식을 먹고
살아 있음에 노래하고
살아 있음에 눈물 흘리는
그 현실감
그 존재감에
그 벅차오름에
또 감동하고
또 감탄하라

밤하늘

하늘이 어두워서 별빛이
더 영롱하다는 것을

하늘에 그믐달 하나 있어
더 그윽하다는 것을

그 침묵의 무한함이
그 고독의 신성함이
정점이 없다는 것을

침묵과 고독의 광활함으로
창조물의 철저한 외경감으로
이 모든 마련
인간과 삶의 아름다움으로
숨이 막힙니다
눈물이 고입니다

제5부

하늘과 별과 나

친구여

나의 친구여
그대는 나의 동류요
내 의지의 힘
보석처럼 빛나는 나의 벗
인생의 풍류와 생활의 고난에도
함께 하는 다정한 나그네이오
우리는 서로의 장벽 앞에
서로의 닻줄을 잡고
풍랑을 헤치며 함께 가오

친구여 그대는 나의 대언자요
나의 예지의 빛
변질 없는 침묵 속에 곱게 잠드는
내 속에 드나드는 나그네이오
우리는 때로는 객이지만
서로에게 내가 되는 진실의 성에서
언제나 다정히
아침 점심 저녁을 함께 하오

어둠이 다가오거든

손을 내밀어보라
어둠이 다가오거든
어둠의 정적을
두 손안에 담아보라
아무것도 잡히지 않는 듯하여도
이미 두 손안에는
정적의 심장 소리가 가득 들어있노라

내밀한 나의 심장 소리와
어둠의 정적이 내민 심장 소리는
내 손 안에서 두 개의 마찰로
힘차게 부딪쳤노라
새로운 그 부드러움은
나의 자아를 쓰다듬어 주었으며
마치 사랑의 근원을 느끼도록
감미로웠노라

모든 곳에는
모든 것의 심장이 존재하고 있음을
오늘도 그 뜨거운 포옹을 확인하며
꼬옥 껴안아 본다
이 어둠의 정적을

여고 동창생

수소문 끝에
15년 만에 만난 여고 동창생!
한없이 반가움 뒤에
이 무슨 수상한 언어
애매한 네 눈빛
뚫어져라 보고 또 보고
묘한 눈동자
"아무것도 가진게 없어도
노치원가서 놀다오면 돼
나는 참 편해"
오랜 당뇨병이 몰아온 합병이란다
"내 전화번호 외우니?"
"아니-"
"내 시집 읽어보았니?"
"아니-"
"핸드폰 할 수 있니?"
"아니-"
함께 걸을 수도 없는 친구야
비밀도 공유할 수 없는 친구야
우정도 공유할 수 없는 친구야
그 옛날은 어디로 갔나
이 슬픔을 어찌하리

여름, 평상 위의 쉼

노래도 한숨도 통곡도
서리서리 얽히고섥킨
작은 광장
네가 누우면 모든 하늘은 네 것
하늘의 별도 네 것
내가 누우면 모든 하늘은 내 것
하늘의 달도 내 것
황제도 도적도 걸인도
쉬어 가는 곳
아이야 너도 뛰고 놀거라
할매 할배도 추억을 꺼내 들고
눈물지며 웃음 짓는 곳
평화와 평심이 원수를 노려보지 않고
쉬어 가는 동산
천심의 휴식터
여름, 평상 위의 쉼

여름

뜨거움이 있어
여름이 좋은 것이다
누구나 땀을 흘릴 수 있는 까닭에
여름이 좋은 것이다

가난한 사람들이 흙바닥에 뒹굴어도
남루함이 덜 하는 여름
배고픈 자들이 쓴나물을 씹어도
굶주림이 덜 하는 여름
푸른 나무 그늘 아래 헐벗고 앉아도
칼바람이 살을 베지 않으니
여름이 좋은 것이다

파도가 철석거리는 바닷물도
차갑지 않으니
여름이 좋은 것이다

여명의 인생

까마득한 수평선에
동녘을 밝히는 여명의 불씨가
서서히 세상을 향해 떠오른다

순식간에 하늘 중앙에 우뚝 치솟았다
이글거리는 저 엄청난 불의 덩어리
찬란한 빛이여! 위대한 태양이여!

서서히 그 웅대함을 감추는 노을
시작되는 것
끝이 되는 것

마치 화려한 태양처럼
숙명의 찰나 같은
그것이 인생이었다

오늘이라는 선물

또 오늘이 간다
천 보를 걸었는지
만 보를 걸었는지
얼마나 많은 발걸음을 옮겼는지
두 끼 밥을 먹고
이삼십 번은 웃었는지
밤잠 설치는 화장실엔
몇 번을 드나들었는지
먹고 마시고 손을 씻고
세안을 하고 치아를 닦고
화장을 하고 화장을 지우고
벌새가 자기 꿀을 위해
서서도 자기 순례를 하듯
오늘도 나는 나의 생활을 위해
시간을 모으고 꿈을 만지며
자기 생애의 소망을 적어가는구나
오늘이라는 선물이 있어서!

우수의 날에

우수수수 주루루룩
고드름 눈물 떨어지는 소리
겨울 가는 게 서러우냐
봄이 오는 게 서러우냐
가는 게 있어야 오는 게 있지 않겠느냐
얼었던 강물이 녹아
한강 정취를 볼 수 있으니
이 또한 많은 이의 열망이 아니더냐
사랑도 미움도
새봄의 향기 앞에 목을 내밀어
좋은 것들을 향해
기웃거리지 않더냐

춘절의 첫 기개가 꽃들로 변할 때까지
나도 봄 향기 담을 옷을 입고 봄맞이 하련다
춘절아 오너라
이토록 답답한 마스크를 낀 채로라도
너를 맞이하련다

신년의 새봄아 빨리 달려오려므나
네가 늘 나를 쓰러뜨리니
나는 네가 쏟아내는
짙은 향기 샘의 초록내음으로
또 한 번의 기적을 기다리는구나

우정의 의미

너는 나를 좋아하니
나는 너를 좋아해
너는 나를 사랑하니
나는 너를 사랑해

하늘이 보이니
하늘이 보인다면
내 마음 보이니
내 마음 보인다면

그렇다면 내 곁에 있어 줘
영원히 나와 함께
한마음 한뜻 한곳에
영원히 나와 함께

위드 코로나

코로나가 세상에게 말한다
나와 함께 살자고
세상이 말한다
이제 위드 코로나 시대라고

사람들은 중독증세를 보인다
마스크를 벗지 못하므로
마스크 절친시대가 되었다
정치도 사업도 권력도
코로나 바이러스의 비윗장을
건드리지 않는 듯, 조용한 대치!
이제는 인류의 삶에
새로운 식구처럼 바이러스와의
동행이 시작되었다

이 모든 배후의 조정자가
과연 누구인가?
바이블을 연구하면
답을 얻게 된다

위로의 근원

내 삶이 오늘도
물결 위의 빛살처럼 반짝이는구나
내 삶이 시시각각
파도 속의 포말처럼 싱그럽구나
끝도 없는 수렁 속을 헤매일 때
암흑의 미로에서 허덕일 때
사랑의 손길로 건져내어
따스한 온기로 생명을 채워주셨구나

감았던 눈 다시 뜨고
멈추었던 호흡이 다시 재생되어
푸른 초원을 다시 보게 하였구나
풋풋한 흙냄새를 다시 맡게 하였구나
이 비옥한 땅 위에 서서
저 푸른 창공을 다시 보게 하였구나
아! 나는 나는 나는
위로의 근원이신 내 아버지
만물의 주인이신 내 아버지
참 하느님 야의 은총으로
오늘도 살아 숨 쉬는구나!

이 기쁨 영원히

상상의 날개는
이미 펼쳐져 있다
날아서 어디만큼 치솟았을까?
하늘의 구름이
두둥실 내 어깨를 미는구나
바람의 능선을 넘어온
내 영혼에 힘이 생겨
좋은 소식의 나팔을 크게 불며
높이 높이 치솟아라
영적 기류의 따뜻하고 온화한
이 풍성한 희망의 기쁨으로
영원을 향해 치솟는 날개를 접지 말기를
위에서 보내주는 에너지는
날마다 기쁨에 넘치는구나

저무는 인생길에서

구름이 솔가지 위를 지나간다
소나무가 바람결 따라 손짓한다
구름은 어디로 가려는지
바람돌이가 구름을 말아
어디론가 끌어가 버린다

구름길 따라 바람길 따라
인생도 저물어 간다
어디만큼 가다가 정지되려나
질문도 없이 사람들은
저무는 인생길에 서 있다

자신의 모든 것들을
그저 막연히 보내면서도
괴로움도 없이
이별의 준비도 없이
이별의 끝자락으로 가고 있다

그들의 순박한 땀방울을 보았는지
초연한 몸부림을 느꼈는지
이별을 준비하지 않으려는
생명준수자들이 있다는 것을 아는지
그 비밀의 지식들을 아는지

절정의 존재들

최상의 수치를 두뇌에 저장한 뒤
가슴속 깊은 곳에 공간 브릿지를
은밀히 만들고자 합니다
그 보급관은 뉴런에 저장되어
최고의 명성 저장고에 전달되도록
그리고 때가 되면 유지보수된
빛나는 다이아몬드를 위하여
하나 둘, 광명체를 가지고
나의 명성에 빛들이 채색할
그날을 손꼽아 기다립니다

그리하여
모든 인간은
명성의 날을 기다리며 살아가는
절정의 존재들이기도 하지요
그 이후의 존재의 의미는
모든 인간의 숙제임을 반드시
알아야 합니다

조약돌의 약속

당신을 만나 반갑다고
조약돌이 말한다
난 당신의 수많은 선조들을 만났지요
수천년을 살아온 나는
비바람 눈보라가 얼마나 거셌든지
세찬 파도는 또 얼마나 나를
부딪혀 때렸던지
내 몸은 깎아지고 작아져
조약돌이 되었지만
그래도 난, 난
바닷가가 좋습니다
긴 긴 세월, 앞으로도
이 거센 바닷가를 지키며
당신의 선조를 기억하듯
당신과의 만남을 기억할게요
난 물끄러미
조약돌의 약속을 들어봅니다

징조를 보며

마지막 재난은
시작되었다
균열과 파괴를 보면서도
세상 사람들은 일상에 몰두한다
나도 사과 나무를 심고 있다
살아있으므로!
도처에 전쟁과 재난의 소리
선과 악의 엄중한 비중이
도덕과 비도덕의 격차가
거짓과 참의 표준이
현저하게 사라지고 있다
그러하여도
세상은 굴러가고 있다
그 굴레에서 유일무이한 존재
신세계를 알리는
생명 구원의 전파자가 있다는
놀라운 사실이다

참된 방백

자격을 갖춘 인격의 방백
인애를 갖춘 인성의 방백
원칙을 갖춘 영성의 방백
그들은 거저 주는 자들로
봉사하는 참 목자들

물질과 권력
명성과 명예를 위해
기득권과 보수를 받으며
두 주인 섬기는 거짓 목자들이 아닌
하이얀 옷을 입은 참된 방백들

이해 불가능한 무보수의 활동이
개미들의 조용한 파동처럼
숨가쁘게 움직이고 있다
타인을 위하여 저토록 발빠르게
양들을 위하여 그토록 순결하게
이 놀라운 침묵의 자원봉사자를 바라보라

침례받는 동생

40여 년의 결실
마치 기적처럼
내 동생이 침례를 받는다
무서운 코로나 바이러스와
모든 사회가 싸워가는 동안에
1년 8개월간
한 번의 지각도 결석도 없이
내 동생이 바이블을 연구하며
무럭무럭 자랐다
줌이란 디지털 세계에서
형제자매들과 교류하며 성장하였다
여호와의 은혜와 사랑이
너와 함께하므로 오늘,
2022년 7월 31일, 지역대회에서
마침내 여호와의 딸이 되었다
그 결실은 오직 참 하느님 여호와의
성령의 힘이었다

허구에 대한 믿음

그 누구도 허구에 대한 믿음을
가지고 싶지 않습니다
그러나 안타깝게도 허공을 향해
진실의 공을 던지는 사람들이 많습니다
허구는 허구라고 말하지 않습니다
모든 것이 실체라 말하지만
진실을 위장한 가실이 존재하기 때문입니다

인간에게 자유의지를 허락한 창조주의 해답은
진실과 가실, 진리와 허구를
분석해야 할 본질적 의무가
인간에게 있다합니다
인간 모두가 찾아내야 할
본연의 의무라고 합니다
정석에 대한 숙명적 과제
인간 각자는 자아 통찰을 통해
땀흘려 그 고통의 시간을 감수해야 합니다
인간 완전성의 옷을 입기 위하여..!

튀르키예의 눈물

땅이 입을 벌리고
저 높고 높은 빌딩들을 삼키는구나
땅이 팔을 벌리고
저 많고 많은 빌딩들을 엎어버리는구나
오! 이 엄청난 재난을 어찌하리오
부서지고 붕괴되고 파멸되는
아수라장의 피살물!!
시체와 비명과 흙먼지
나뒹구는 가옥들
땅을 파고드는 피눈물이여
하늘을 꿰뚫는 통곡소리여
이 비극의 참상을
막아줄 자는 땅에 없구나

오 하늘과 땅을 만드신
유일하신 창조주 여호와여
튀르키예의 눈물을 닦아주소서
이 통곡 소리를 더 이상
허락하지 마소서!

하늘과 별과 나 I

과학자는
지구의 모래보다
하늘의 별이 많다고 합니다
미동도 없는 하늘 숲에는
별들이 총총히 박혀 있습니다
저토록 수많은 귀금속이
날마다 반짝여 댑니다

아! 나는
그 아름다움에
숨이 막힙니다
내 눈이 어쩜 이리도 밝아
저 별을 볼 수 있나요?
이 선물을 어찌 감사치 않으리오
눈물이 나면 목이 메이지 않나요

하늘과 별과 나 Ⅱ

저 광활한 것들로 인해
나의 가슴은 저미고
두려움에 사로잡힙니다
그 능력의 무한함과
자비로움까지 끝이 없으니
내 어찌 감사치 않으리오

웅대한 찬양과 영광에
몸을 사립니다
영원무궁토록 여호와여
끝없는 숭배를 받으소서
창조주로서 참 하느님으로서
인류의 아버지로서!

서평

헤르몬산의 이슬로 쓴 치유 시편

김 성 구
시인, 철학박사
문학평론가, 국제문학발행인

시제에서 소개하고 있는 헤르몬산[Hermon Mt.]은 안티레바논산맥 남쪽 끝의 레바논과 시리아 국경에 있는 산으로 해발 고도 2,814m의 높은 산이다. 산 이름인 헤르몬이란 말은 '금지된 장소'라는 뜻으로 옛날부터 성스러운 산으로 숭배되었다. 헤르몬산 정상은 만년설로 덮여 있어서 1년 내내 하얗게 보인다. 그 눈이 녹아내리는 물은 요르단강의 수원을 이룬다. 헤르몬산은 1967년 중동 전쟁 이후 산의 남쪽과 서쪽 100㎢에 걸친 골란고원 일부를 이스라엘이 관리하고 있다.

헤르몬의 이슬을 마시는 자는 죽음에서 살아나고, 질병에서 고침을 받고, 속박에서 자유하게 된다는 영적 믿음에 근거한 신앙으로 숭배하는 이들의 노래를 듣게 된다.

하나님은 헤르몬산의 이슬이 강이 되어 세상으로 흐르게 하신다.

시인이 헤르몬의 이슬을 마시면 그 영혼은 맑은 영혼으로 거듭나리라. 창조하신 그분은 모든 것에게 시(poem)를 담아주셨다. 창조주께서는 그 모든 시가 가득 들어 있는 우주를 통치하고 다스리며 가꾸는 책임을 사람에게 주셨다. 그래서 피조물 중에서 가장 아름다운 것은 사람이다.

헤르몬산의 이슬인가 봄비인가

 봄비 내리는 토요일 아침에 벚꽃이 목욕을 하고, 창밖에 내리는 빗물이 마음속으로 스며들기 시작했다. 봄동산에 아지랑이가 아롱이듯이 그리운 사람들이 떠오른다. 봄비에 눈물을 섞어댄다. 스르르 미끄러지던 자동차는 번영로로 들어간다. 흙 속에 묻힌 벗들이 보고 싶어지는 봄비 내리는 아침이었다.

 그립구나
 이 세상 어딘가에 그들이 있다면
 당장 달려가 입맞춤하련만
 세월이 앗아간 벗들이여!
 흙 속에 묻혀버린 벗들이여!

 재회의 날을 기다리며
 힘차게 오늘을 시작하련다

 -「봄비 내리는 아침」중에서

 우리네 인생을 살아가노라면 희비애락이 촌음을 다투면서 자리를 차지하려고 경쟁한다. 더욱이 큰일을 성취한 후에 찾아오는 공허함은 무기력하게 만들어 간다. 세계사에서 위대한 일들을 이루었던 사람들도 하나같이 겪어야 했던 낙심과 슬럼프는 위대한 엘리야에게도 찾아왔었다. 그러나 위대하신 그분이 친히 찾아오셔서 어루만져주셨다. 오늘날에도 그와 같은 기적같은 일들이 금작화 밑에서 계속된다.

  피골이 상접한 엘리야여
  죽음을 자초한 기도를 드리며
  내 생명 거두어 주심을 간구하였구나
  -중략-
  오! 엘리야는 비틀거리며 도망치다
  금작화 아래 쓰러졌구나
  그러나 여호와의 천사가
  물을 먹여 그대의 목젖을 젖게 하고
  죽을 먹여 창자를 채워 주셨구나
  오! 비로소 엘리야는 낙망에서 깨어
  새로운 기력으로 현실을 보는구나
  금작화 그늘 아래 믿음의 용기를 다시 얻고
  일어나게 되었구나
  참 하느님의 따스한 손길은
  충성스런 엘리야를 다시 세워
  일으키셨구나!

  -「금작화 그늘 아래」 중에서

  인생은 매일 아침을 맞이하는 것처럼 살아갈 때 행복해진다. 우리가 이 세상 살아갈 때에 지치고 힘들어 쓰러질 때가 종종 있다. 시인은 찬란하게 떠오르는 태양을 바라보면 새 힘이 솟아오른다고 말한다. 어둠을 뚫고 떠오르는 저 찬란한 진홍빛 광무를 보아라. 지칠 줄 모르고 힘차게 떠오르는 태양을 바라보면서 다시금 새 힘을 얻게 되는 것이다. 바로 이 순간이 창조주께서 지친 영혼에게 헤르몬산 이슬을 내려주는 순간인 것이다.

저 찬란한 진홍 빛의 광무
보아도 보아도
지칠 줄 모르는 끝 없는 전율
동녘의 불덩이가 올라온다
여호와의 손길이 움직인다
인류를 향한
뜨거운 사랑이 꿈틀거린다

-「신년의 새 아침」중에서

매일 아침 영롱한 아침햇살이 풀잎에 맺힌 이슬에 비치면 헤르몬산의 이슬이 되어 지친 영혼을 소생시키는 명약이 된다. 새벽공기를 마시며 공원 숲 길가를 걸으며 아침이슬에 적셔보라. 꿈틀거리며 새 힘이 솟아날 것이다.

인간이 만들어 놓은 빌딩의 숲
드높이 세워진 문명들이
인간을 삼키려 내려다 본다

-「도시의 야욕」중에서

불빛 찬란한 도시이 야경을 보며 김탄을 하는 사람들이 많다. 그러나 좀 더 눈을 크게 뜨고, 귀를 쫑긋 세우고 살펴보라. 화려한 유혹의 불빛은 기름 그릇으로 떨어지는 나방이 되게 하는 것을 기억해야 한다.

저 광활한 것들로 인해
나의 가슴은 저미고

두려움에 사로잡힙니다
그 능력의 무한함과
자비로움까지 끝이 없으니
내 어찌 감사치 않으리오

웅대한 찬양과 영광에
몸을 사립니다
영원무궁토록 여호와여
끝없는 숭배를 받으소서
창조주로서 참 하느님으로서
인류의 아버지로서!

-「하늘과 별과 나 Ⅱ」중에서

  치유의 시인 김귀자 작가는 밤하늘에 반짝이는 별을 보면서 창조주의 웅대함과 영원무궁하심과 그 자비로우심에 심장이 요동치는 것을 주체할 수 없어 두 번째 시집을 냈다.
  많은 사람들이 내 영혼의 치유를 경험한 시인의 고백들을 가까이 한다면 그들도 동일한 치유를 경험할 것이다. 이처럼 시인의 시 한 줄이 생명을 살리는 헤르몬산의 이슬방울이라 할 것이다.
  우리가 모진 풍파 심한 이 세상을 살아갈지라도 저 높은 하늘을 펼치시고 그 곳에 별들을 걸어놓으시고 반짝이게 하신 분을 기억하자. 온 인류를 지으시고 무한한 사랑을 베푸시며, 자비로움이 끝이 없으신 영원한 치유자 여호와만 바라보며 감사의 시 한 편을 읽는 여유의 삶을 살아가자,